DIE REIHE
Archivbilder

VATERSTETTEN

UND SEINE ORTSCHAFTEN

HÄUSER, HÖFE, WIRTSCHAFTEN

DIE REIHE
Archivbilder

VATERSTETTEN
UND SEINE ORTSCHAFTEN

HÄUSER, HÖFE, WIRTSCHAFTEN

Kulturhistorische Sammlung Vaterstetten

SUTTON
VERLAG

Zum Buch

Die Kulturhistorische Sammlung Vaterstetten wurde, vom Bürgermeister nachdrücklich unterstützt, im Jahr 2004 von Brigitte Schliewen (BS) und Karin Leonhardt ins Leben gerufen. Als drei engagierte Vaterstettener Bürger für die Mitarbeit dazugewonnen werden konnten, wuchs die Initiative zu einem Team heran, das die in der Rathausaustellung „Häuser, Höfe, Wirtschaften" im Herbst 2010 gezeigten und andere historischen Fotografien, versehen mit kurzen Erläuterungen, jetzt als Buch vorstellen kann.

Wesentlichen Anteil an der Bildbeschaffung und Bildauswahl, an der Formulierung der Texte und Digitalisierung der Fotografien und nicht zuletzt an der technischen Umsetzung in ein passendes Layout hatten die Co-Autoren Karin Leonhardt (KL), Dr. Claus Ortner (CO), Karsten Schliewen (KS) und Dr. Hans Peter Uenze (HPU).

Die alten, heute nur noch selten unverändert erhaltenen Bauten sind in der Regel auf historischen Fotografien abgebildet. Nur bei den wenigen Beispielen, von denen keine zeitgenössischen Aufnahmen mehr existieren, ist die historische Bausubstanz anhand jüngerer Bilder dokumentiert.

Um die Bildunterschriften möglichst lesefreundlich zu gestalten, wurde auf die Einzelzitierung der Quellen verzichtet. Soweit sie nicht auf eigenen Recherchen und Auskünften der Bildeigentümer beruhen, stützen sich Beiträge und Bildbeschriftungen auf folgende Veröffentlichungen: „Die Dorfkirche in Vaterstetten" von Walter Rzepka (1976) und „Baldham 1055–1980" von Erich Mandel (1982) sowie auf die Beiträge von Günther Koch, Georg Reitsberger, Georg Zauner und Ruth Zitzmann in den „Gemeindegeschichte(n) Vaterstetten" (Teil I, 1978; Teil II, 1981) und auf das „Fotoalbum der Gemeinde Vaterstetten", das 1985 vom Arbeitskreis Gemeindechronik Vaterstetten publiziert wurde.

Das **Titelbild** zeigt die Kirche „Zum heiligen Blut Christi", die im damals noch weitgehend unbebauten Siedlungsgebiet Vaterstetten auf nahezu freiem Feld errichtet und 1952 eingeweiht wurde.

Sutton Verlag GmbH
Hochheimer Straße 59
99094 Erfurt
www.suttonverlag.de

Copyright © Sutton Verlag, 2011
ISBN: 978-3-86680-887-4
Druck: Beltz Bad Langensalza GmbH

Inhaltsverzeichnis

Danksagung und Bildnachweis

Die Herausgabe dieses historischen Bildbandes mit zum Teil erstmals veröffentlichten Fotografien wurde erst durch die bereitwillige Unterstützung zahlreicher Bildeigentümer ermöglicht, die großzügig ihre gehüteten Schätze für den Druck zur Verfügung stellten und auch selbst sehr aktiv an der Beschaffung von Daten und Hintergrundinformationen zur Hof- und Häusergeschichte mitwirkten. Besonderer Dank gilt dabei Georg Reitsberger als schier unermüdlichem Quell ortsspezifischer Anekdoten und Informationen zu den Fotos sowie seinem Bruder Gottfried, dem Ehepaar Gottfried und Gisela Stelzl und Dr. Friedrich Bayerlein aus Vaterstetten, Helmut Patzer aus München, Martin Fochler und Karl Müller aus Parsdorf sowie Johann Kroiß und Franz Zehetmayr aus Weißenfeld. Ulrike Flitner vom Gemeindearchiv Vaterstetten und Waltraud Plutta aus Neufarn unterstützten die Autoren bei den Bildrecherchen durch ihre hilfreichen Hinweise. Die Fotografie der Kirche „Zum kostbaren Blut Christi" auf der noch unbebauten Wiese im späteren Zentrum Vaterstettens (Einband) ist der Aufmerksamkeit von Dr. Rotraud Acker, ehemals Museumleiterin der Stadt Grafing, zu verdanken, die der Kulturhistorischen Sammlung Vaterstetten die zuvor nicht bekannte Postkarte schenkte.

Georg Baldermann, Baldham: Seite 64u.; Familie Bauer, Baldham: Seite 16o., 63o.; Bayerisches Landesamt für Vermessung und Geoinformation, München: Seite 10; Familie Bürger, Baldham, Seite 50u.; Peter Burde, Neukeferloh: Seite 70, 71o., 71u.; Familie Hackl, Parsdorf: Seite 18o., 36u., 41o., 45u., 46o., 76o., 77u., 88o.; Franz Hobmeier, Parsdorf: Seite 40u., 77o.; Familie Fauth: Seite 28o., 28u.; Anna und Franz Föstl, Neufarn: Seite 37o., 37u., 84, 85o.; Familie Glier, Baldham: Seite 49u.; Familie Hösch, Vaterstetten: Seite 92o., 92u.; Johann Kroiß, Weißenfeld: Seite 43o., 43u.; Familie Landolt, Baldham: Seite 60o., 60u., 61o., 61u., 95u.; Karl Müller, Parsdorf: Seite 13o., 24o., 24u., 25u., 40o., 46u., 67, 69u., 88u.; Christian Nützel/Singer, Vaterstetten: Seite 73u.; Claus Ortner, Baldham: Seite 50o., 52o., 52u., 62o., 62u., 94o., 94u.; Waltraud Plutta, Neufarn: Seite 38u., 39o., 42u., 44u., 93o.; Familie Pröll, Baldham: Seite 53u.; Franz Rauch, Parsdorf: Seite 34u., 42o.; Familie Reitsberger, Vaterstetten: Seite 9u.,14o., 20o., 29, 30o., 30u., 31o., 31u., 34o., 68u., 72o., 82o., 85u., 89o., 89u.; Walter Rzepka, Vaterstetten: Seite 48u.; Franz Scheidacher, Baldham: Seite 56u.; Vaterstetten, Gemeindearchiv: Seite 12o., 13u., 15o., 15u., 18u., 19o., 21o., 22u., 26o., 27o., 38o., 39u., 41u., 49o., 50u., 51o., 51u., 56o., 64o., 69o., 72u., 73o., 74o., 74u., 75u., 76u., 80o., 81; Franz Weidenhöfer, Baldham: Seite 57o., 57u., 58; Maria Winkler, Vaterstetten: Seite 12u., 32o., 32u., 33o., 33u., 35o., 35u., 80u., 82u., 83o., 83u., 90o., 90u., 91o., 91u., 93u., 95o.; Wolfgang Wolf, Baldham: Seite 63u.; Franz Zehetmayr, Weißenfeld: Seite 20u., 44o., 45o., 79o., 79u.; Dorothea Zunhammer, Baldham: Seite 59u.

Einleitung

Vaterstetten ist heute nicht mehr das beschauliche Dorf südlich der alten Poststraße Augsburg–München–Wien, dessen Name das erste Mal zwischen 1104 und 1122 in einer undatierten Freisinger Urkunde in Zusammenhang mit einem Ministerialengeschlecht (Mitglieder des niederen Adels) gleichen Namens genannt ist. Im 13. Jahrhundert erscheint der Personenname Vaterstetter in München bei offenkundig einflussreichen Patriziern, die dort dem Rat der Stadt angehörten und wohl im Zuge der wachsenden wirtschaftlichen Bedeutung in die Isarstadt gezogen waren.

Das einst von einem vielbejagten Wald umgebene Dorf besaß im Jahr 1443 drei Höfe, zwei Huben (1/2 Hof), zwei Lehen (1/4 Hof) und drei Sölden (Herdstättenverzeichnis, Stadtarchiv München). Noch 1849 betrug die Einwohnerschaft des in der kargen Schotterebene des Voralpenlandes gelegenen Kirchdorfes nur 165 katholische „Seelen", denen jedoch protestantische Zuzügler, sogenannte Überrheiner, hinzugezählt werden müssen. Sie hatten sich, der Aufforderung des bayerischen Kurfürsten Max IV. (1799–1806) folgend, in verschiedenen Ortschaften der späteren Gemeinde Vaterstetten angesiedelt, nachdem ihre Heimat 1801 im Frieden von Lunéville an Frankreich gefallen war.

Diese Bevölkerungsstatistik erfuhr eine erste Veränderung, als die Einwohnerzahl infolge des 1897 eingerichteten Halteplatzes Vaterstetten an der neugeschaffenen Eisenbahnverbindung München–Rosenheim zu steigen begann. Die gesellschaftspolitischen und kriegsabhängigen Entwicklungen des Zweiten Weltkrieges bedingten jedoch wesentlich gravierendere Folgen, als sich Ausgebombte aus München, Flüchtlinge und Vertriebene aus dem Osten im Ort ansiedelten. 1978 erhöhte sich die Einwohnerschaft noch einmal erheblich durch die große Gebietsreform, in der die zuvor von Parsdorf aus verwalteten Dörfer Vaterstetten, Baldham-Dorf, Parsdorf, Purfing, Hergolding, Weißenfeld, Neufarn sowie die Siedlung Baldham zu einer politischen Großgemeinde mit Verwaltungssitz in Vaterstetten zusammengeschlossen wurden, die im Jahr 2010 eine Einwohnerzahl von 22.524 Bürgern erreichte. Kirchenrechtlich blieben die Ortschaften jedoch getrennt und werden bis heute von verschiedenen Pfarreien verwaltet und seelsorgerisch betreut. Während Weißenfeld, Parsdorf und Neufarn zur Kuratie Neufarn gehören, untersteht die Purfinger Kirche der Pfarrei Anzing. Baldham und Vaterstetten haben sich zu einem Pfarrverbund zusammengeschlossen. Die evangelischen Gemeindebürger besitzen in Vaterstettens Ortsteil Baldham ihr eigenes Gotteshaus.

Bis auf kleine landwirtschaftliche Inseln innerhalb des Ortes ging der Dorfcharakter Vaterstettens mit seinen bereits 804 und 806 urkundlich genannten Ortschaften Neufarn und Purfing durch die rasant gestiegene Einwohnerzahl weitgehend verloren. Nachdem schon 1809 die traditionellen Hofnamen durch schlichte Hausnummern ersetzt worden waren, erfuhren 1961, bedingt durch viele neuangelegte Straßenzüge, auch die Vaterstettener Hausnummern eine

Umnummerierung. Vier Grundschulen, eine Hauptschule, eine Realschule und ein Gymnasium sorgen heute für das geistige Rüstzeug der Kinder und Jugendlichen, über 2.500 Gewerbebetriebe haben sich im Gemeindegebiet angesiedelt. Hinzu kommt, dass Vaterstetten seit 1972 durch den Ausbau des S-Bahn-Netzes eng mit München verbunden und schließlich an den Autobahnring angeschlossen ist. An vormals dörfliches Leben erinnern heute noch Reiterhöfe und Pferde-sport, die an die Stelle der einst in der hiesigen Landwirtschaft vorherrschenden Rinder- und Schweinehaltung getreten sind, sowie einige stattliche Maibäume.

Diese Entwicklung lässt sich auch am Wandel der Architekturformen konkret verfolgen. Zu dem traditionellen Hoftypus mit dem Wohnräume, Stallungen und Scheune übergreifenden Einfirsthaus und dem bescheideneren, ebenerdigen Spitzgiebelhaus (Vaterstetten, vormaliger Luft-Hof) gesellten sich nach 1900 Gebäude mit Dachgaube und Balkon an der Traufseite (Scheckenhoferhaus) und schlichte, an alpinen Vorbildern orientierte Holzhäuser für luft-hungrige Münchener Ausflügler, dazu vermehrt Hausfassaden mit Jugendstilelementen und türmchenbewehrte Villen mit Krüppelwalmdach. In den 1920er- und 1930er-Jahren zeigten repräsentative Villen mit flachem Walmdach eine stetig wachsende Hinwendung zu einer bür-gerlichen Wohnkultur, die allerdings in der Notzeit nach dem Zweiten Weltkrieg durch einen einheitlichen Siedlungsstil mit Rückgriff auf den alten Spitzgiebel (Kessler-Siedlung) unter-brochen wurde. In den 1960er-Jahren hielt das Flachdach großräumig Einzug im Baldhamer Hausbau (Bayernboden-Siedlung mit Atrium- und Hochhäusern), aber auch der im Geist der Wirtschaftswunderzeit als alpenländisch begriffene Wohnhaustypus im sogenannten Jodlstil prägte das Bild vieler Straßen.

Die hier aufgezeigten Veränderungen von einer bäuerlichen zu einer städtisch-bürgerlich geprägten Gebäudearchitektur spiegeln sich in der noch jungen Vaterstettener Geschichte wider. Im Gefolge der Säkularisation waren 1818 die oben genannten sieben, zuvor eigenständigen Dorfparlamente zu einer gemeinsamen Verwaltung mit Sitz in Parsdorf zusammengeschlossen worden. Auf diese bereits einhundertsechzigjährige verwaltungspolitische Erfahrung konnte die Gemeinde Vaterstetten aufbauen und damit dem Ort ein selbstbewusstes Gesicht vor den Toren Münchens verleihen.

(BS)

1

Ortschaften

Erst 1978 konstituierte sich die Gemeinde Vaterstetten, als im Zuge der Gebietsreform die ehe-malige Gemeinde Parsdorf mit Teilen der östlichen Nachbargemeinden Zorneding und Pöring vereinigt wurde. Hintergrund der Neubildung war die ca. 1900 beginnende, in Schüben verlau-fende Siedlungsentwicklung, südlich abgesetzt von den Dörfern Vaterstetten und Baldham entlang der Bahnlinie München–Salzburg. Diese massive Siedlungsdynamik, die ihren Ausgang an den beiden Bahnstationen Vaterstetten und Baldham nahm, bezog das Dorf Vaterstetten ein, während Baldham-Dorf und die nördlich liegenden Ortschaften dazu noch einen Abstand bewahrten. Insgesamt entstand dadurch vor allem wegen der guten verkehrlichen Verbindungen ein noch immer von viel Grün geprägter Vorort im Osten Münchens in der Übergangszone zum ländlichen Bereich. Nicht die Konzentration des Geschehens in einer Stadt als Gemeindekern ist Signum von Vaterstetten, es ist vielmehr das Nebeneinander der je für sich gewachsenen alten Dörfer und des im Vergleich jungen Siedlungsgebiets an der Bahnlinie als dessen anfänglicher Lebensader.

(CO)

Blick auf das Dorf Vaterstetten von Osten.

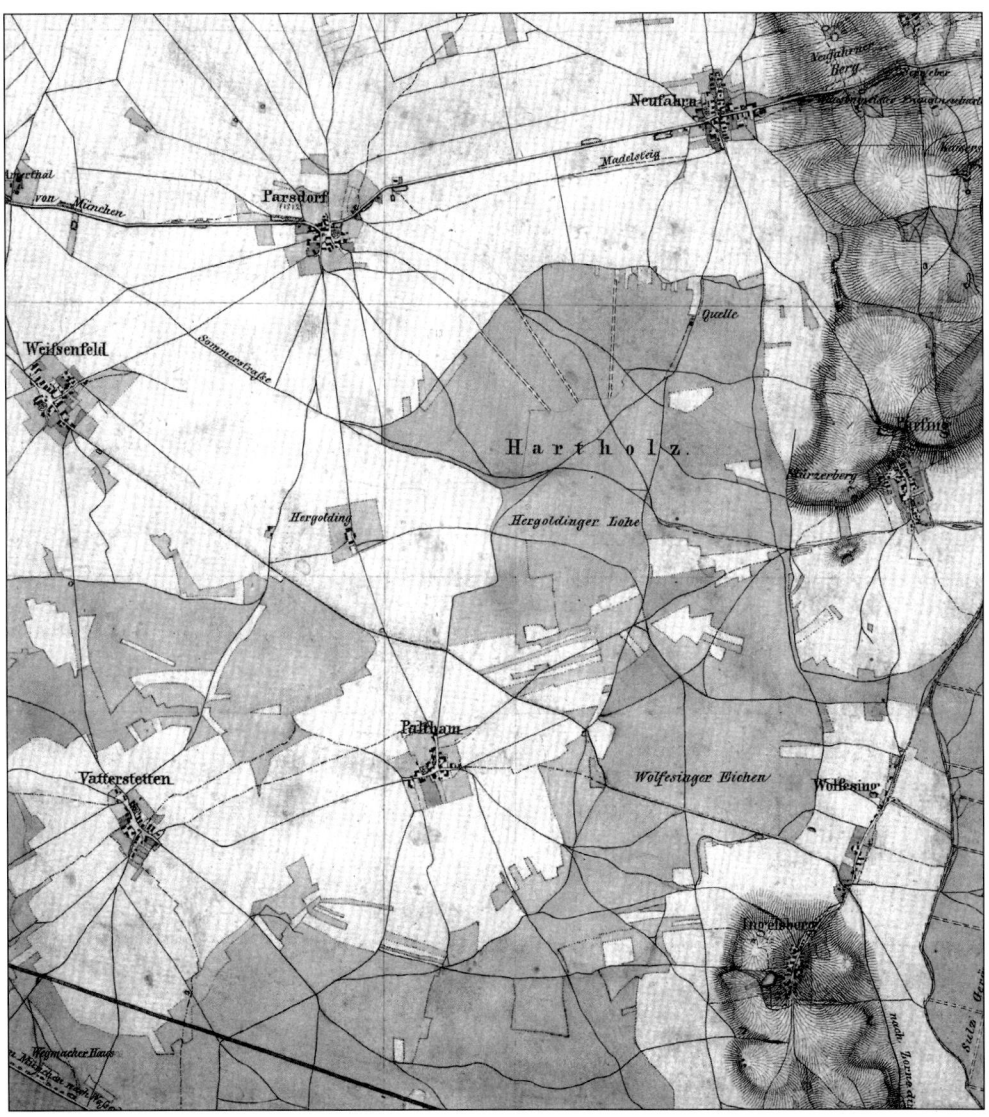

Die sogenannte Positionskarte (1852, mit einigen späteren Nachträgen, Maßstab 1:25.000) ist die Basis der heutigen topografischen Karten. Zu erkennen sind die Dörfer des heutigen Vaterstettener Gemeindegebiets: Parsdorf, Neufahrn, Weißenfeld, Hergolding, Vatterstetten, Paltham und Purfing.

Im Luftbild aus den 1980er-Jahren zeichnet sich die radiale Flurenstruktur um die Dörfer und vor allem der große Siedlungszuwachs im Süden der Gemeindefläche (weiß umgrenzt) ab.

11

Das Dorf Vaterstetten vom Dorfplatz Richtung Norden gesehen mit dem Zwiebelturm der alten Dorfkirche St. Pankratius, hinter dem Baum in der Bildmitte erkennbar, und dem kleinen Feuerwehrhäuschen vorne links. Aufnahme von 1910.

Das Dorf Vaterstetten um 1930 in umgekehrter Richtung mit einem Blick von Norden nach Süden zum Dorfplatz: die Kirche St. Pankratius links und der im Jahr 1948 abgerissene Wasserturm am Dorfplatz. Die Dorfstraße führt weiter über die Bahnhofstraße zum Bahnhaltepunkt Vaterstetten.

Gruss aus Vaterstetten bei München

Vaterstetten 1916 als Kartengruß in Form einer Panoramazeichnung von Westen nach Osten betrachtet, mit Kirche, Wasserturm und den wenigen Höfen. Über Jahrhunderte war das Dorf Vaterstetten kaum gewachsen, bis nach 1900 in der Folge der Einrichtung der Bahnhaltestelle die erste Siedlungswelle einsetzte.

Der Bahnhaltepunkt Vaterstetten in südlicher Blickrichtung auf einer Postkarte als Zeichnung festgehalten, um 1910. Die Gaststätte im Vordergrund war Ziel Münchener Ausflügler, dahinter bereits einige Bürgerhäuser – die Anfänge der sich allmählich ausdehnenden Siedlung Vaterstetten südlich des Dorfes Vaterstetten.

Auf der Panorama-Ansicht des Dorfes Baldham aus Richtung Nordosten zeichnen sich links neben dem geduckten Pyramidendach des Kirchturms vor allem die beiden Windräder ab, mittels derer das Wasser für die Dorfwasserleitung und die Kartoffelbrennerei gefördert wurde. Aufnahme von 1907.

Baldham-Dorf in einer Luftbildaufnahme von 1956 Richtung Nordwest. Im Vordergrund Bild-mitte das große Gehöft, ehemals Herz, jetzt Stockmayr, rechts die Brennerei mit Schornstein – sie wuchs nach dem Zweiten Weltkrieg zu einer der größten Brennereien Bayerns heran. Im Hintergrund rechts zeichnet sich die Ortschaft Hergolding ab.

Baldhams kleine Dorfkirche St. Korbinian wurde in der jetzigen Form 1656 auf den Fundamenten einer im Dreißigjährigen Krieg zerstörten Kirche errichtet. Die Zahl der Höfe im Dorf erhöhte sich nur langsam von 11 Anwesen um 1440 auf 13 bei der ersten Landvermessung 1809. Wohnhaussiedlungen ließen Baldham bis 1980 auf über 60 Anwesen wachsen. Foto von 1950.

Die entgegengesetzte Sicht aus Osten zeigt den bis heute größten Hof des Dorfes mit dem Kirchturm im Hintergrund, um 1950.

Ein frühes Luftbild (1943) zeigt für den Bereich der heutigen Gartenstraße die anfängliche Grundsituation der Siedlung Baldham, die südlich abgesetzt vom Dorf Baldham um die Bahnhaltestelle heranwuchs: einzelne Wohn- bzw. Wochenendhäuser und kleine Gewerbebetriebe verstreut auf den weitgehend noch freien Feldfluren.

Vom Dorf Baldham inmitten der runden Rodungsinsel (obere Bildhälfte) schwingt sich die Straße nach Süden zum Bahnhaltepunkt Baldham, in deren Nähe bereits die sogenannte Kessler-Siedlung (Bildmitte) entstanden war und die Wohnbebauung in die Waldgebiete hineinwuchs. Luftbildaufnahme um 1955.

Der Bereich des heutigen Zentrums der Siedlung Baldham an der Bahnhaltestelle um 1955: jenseits der Bahnlinie ein größerer Gärtnereibetrieb und die sich ausbreitende Wohnbebauung, links unten das älteste Gebäude der „Kolonie" Baldham, die ehemalige Gast- und Tafernwirtschaft Herz, später Loidl.

Der östliche Teil Baldhams 1959: oben die Kessler-Siedlung, die seit 1871 bestehende Bahnlinie München–Salzburg kreuzt quer oberhalb des Streifens freier Felder, die südlich anschließenden Waldflächen sind noch weitgehend frei von Bebauung, der späteren Hochwald-Siedlung. In der unteren Bildhälfte ist die Straße nach Wasserburg an den Alleebäumen erkennbar.

1895 übernahm Ökonomierat Kessler die alte „Schwaige Hergolding", einen Milchviehbetrieb. Er verdoppelte die Fläche auf über 300 Hektar und entwickelte das nunmehrige „Großgut Hergolding" zu einem Musterbetrieb. Die Zeichnung (ca. 1920) zeigt mit Blickrichtung Südost im Hintergrund das Dorf Baldham mit Alpenpanorama.

Hergolding 1956 diagonal entgegengesetzt von oben gesehen Richtung Nordwesten. Hier wie oben zeigt der hohe Schlot die Position der Kartoffelbrennerei.

Das Gut Hergolding, hier im Jahr 1956 von Südwesten aufgenommen, wurde bereits 1937 in 16 landwirtschaftliche Einzelbetriebe aufgeteilt. Vier neue Hofstellen entstanden durch Umbau der Gutsgebäude, zwölf Bauernhöfe wurden neu errichtet, davon neun in Hergolding selbst, einer in Baldham-Dorf und zwei nördlich der Siedlung Baldham.

Hergolding nach der Aufteilung der Gutsbetriebsflächen auf 16 Höfe. In den Feldern zeichnen sich durch unterschiedlichen Aufwuchs noch immer die mäandrierenden Läufe der Schmelzwässer aus den Vereisungszeiten ab. Luftbildaufnahme um 1980.

Weißenfeld um 1910, aufgenommen von der Durchgangsstraße vorbei an der seit 1903 betriebenen Gast- und Tafernwirtschaft von J. Fauth und der 1907 erbauten Kartoffelbrennerei. Rechts
neben der Straße die Dorfwaage mit dem Waaghäusl.

Weißenfeld im Jahr 1922 anlässlich der Einweihung des in Gestalt eines kleinen Rundtempels
errichteten Kriegerdenkmals. Das Denkmal wurde später an die Friedhofsmauer versetzt.

Weißenfeld im Jahr 1956 von Südwesten mit dem wuchtigen, oben achteckigen Turm der Kirche St. Bartholomäus neben dem relativ kleinen Kirchenschiff. Der Turm soll auch als Orientierungsmarke an einer frühen Salzstraße gedient haben.

Im Luftbild von Südosten nach Nordwesten aufgenommen zeigt sich Weißenfeld Anfang der 1970er-Jahre als kleiner Straßenknotenpunkt: von links führt die Straße aus Vaterstetten heran, von unten aus Richtung Hergolding und nach rechts die Verbindungsstraße nach Parsdorf.

Purfing als ältester Ortsteil der Gemeinde Vaterstetten lehnt sich an eine Moränenaufwölbung aus der Eiszeit an, auf der die Dorfkirche steht. Das frühe Bild (vor 1900) zeigt Purfing von Südwesten; über den Dächern rechts ein Windrad zur Wasserförderung.

Partie a. d. Kirche

Die Dorfmitte von Purfing (um 1900), überragt von der Kirche; im Vordergrund der längst verfüllte Dorfweiher, dort steht heute das Feuerwehrhaus; rechts hinten die Dorfwirtschaft.

Purfing Jahrzehnte später mit direktem Blick nach Norden auf die Kirche St. Laurentius.

Purfing in nordwestlicher Richtung aufgenommen (1984), im Hintergrund rechts neben der Waldzunge der Ortsteil Neufarn.

Parsdorf, gezeichnet um 1930 gegen Nordosten. An einem Fernweg („Äußere Wiener Route") gelegen war Parsdorf vor allem nach Einrichtung einer Kaiserlichen Reichsposthalterei 1771 der wichtigste Ortsteil der 1818 konstituierten Gemeinde Parsdorf, die erst 1978 in der Gemeinde Vaterstetten aufging.

Der Dorfplatz von Parsdorf um 1930. Hinter den Bäumen die Kirche St. Nikolaus, im Vordergrund der Weiher, der 1943 verfüllt wurde.

Die Dorfmitte von Parsdorf, aufgenommen um 1930, mit Dorfweiher und Dorfkirche: von links die Gastwirtschaft „Zur Alten Post", die Dorfkirche, der ehemalige Kramerladen, der „Neuwirt", davor der Dorfweiher.

Eine Zeichnung als Gesamtansicht von Parsdorf (um 1920), gesehen von Nordwesten. Sie suggeriert im Hintergrund eine Hügellandschaft, die nicht der Realität der Münchener Schotterebene entspricht, aber wohl den Möränenzug im Osten andeuten soll.

Neufarn liegt im Nordosten des Gemeindegebiets am Rand des Moränen-Höhenzugs, der die Münchener Schotterebene im Osten begrenzt. Seit dem Wiederaufbau der Dorfkirche (1866–1868) ragt der Kirchturm als spitze Nadel in den Himmel; hinter den Bäumen das dominante Gebäude des Gasthofs Stangl. Postkarte um 1930.

In der Ortsmitte Neufarns kreuzt die dominante West-Ost-Verbindung mit der Straße nach Purfing. Luftbild von 1956 in südwestlicher Richtung.

Die Überwindung des früher steilen Moränenhügels am östlichen Ortsende Neufarns stellte für die Reisenden besonders im Winter eine nicht unbeträchtliche Schwierigkeit dar; für Lasttransporte mussten zusätzlich Pferde vorgespannt werden. Mehrere Gasthäuser zeugen bis heute davon, dass man gerne am Ort Rast machte. Luftbild südwestwärts, 1956.

Von Parsdorf kommend durchquert die ehedem wichtige Straßenverbindung München–Wien den Ort Neufarn und führt – am unteren Bildrand nicht mehr sichtbar – weiter über den Moränenrücken. Luftbildaufnahme um 1980 aus östlicher Richtung.

Das Gut Ammerthal liegt nördlich des ehemals wichtigen Postwegs von München über Parsdorf Richtung Wien. In den 1980er-Jahren wurde diese Straße durch die Autobahn München–Passau ersetzt. Luftbild von 1956 in nördlicher Richtung.

Gut Ammerthal auf einer wesentlich früheren Aufnahme aus den 1920er-Jahren, in der Gebäudestruktur wie oben: Dreiseithof mit Hauptgebäude, Wirtschafts- und Nebengebäuden. Das Gut besitzt eine eigene Brennerei, erkennbar am Schornstein.

2

Höfe

Hofnamen konnten mehrere Generationen überdauern. Fiel das Hoferbe jedoch einer verheirateten Tochter zu, erhielt das Anwesen in der Regel den Familiennamen ihres Ehemannes, wobei der überkommene Hofname unterschwellig weiterlebte, aber im Sprachgebrauch kaum noch angewandt wurde. Hausnummern wurden den Höfen nach der ersten Landesvermessung im Jahr 1809 zugeteilt.

Kennzeichnend für den hiesigen Hoftypus war das traditionelle Einfirsthaus, das Wohnräume, Stallungen und Scheune unter einem schindel- oder vormals strohgedeckten Satteldach vereinte. Noch heute ist diese Architekturform, wenn auch häufig durch Umbauten verändert, in den Dörfern zu beobachten, sofern die Anlage weiter landwirtschaftlich genutzt wird und nicht einer Wohn- oder Industrieansiedlung weichen musste.

(BS)

Vaterstetten, Haus Nr. 19, Carl-Orff-Straße. Reitsberger-Hof um 1914. Der aus Salmdorf stammende Balthasar Reitsberger heiratete 1911 die Vaterstettenerin Anna Stürzer (s. S. 85). Nach ihm erhielt das vormalige Maurer-Gütchen, das sich seit 1898 im Besitz des Jagdaufsehers Balthasar Huber befand, seinen heutigen Namen.

Vaterstetten, Haus Nr. 19, Carl-Orff-Straße. Hofseite des vormaligen, 1829 erbauten Maurer-Gütchens. Dessen Fluren gehörten einst zum Heimerer-Hof, einem schon um 1390 genannten „Gütel" im Besitz des Münchener Heiliggeistspitals, an das bis 1848, dem Jahr der Abschaffung der Grundhörigkeit durch Montgelas, Abgaben entrichtet werden mussten.

Vaterstetten, Haus Nr. 19, Carl-Orff-Straße. Ansicht der Westseite des Reitsberger-Hofes und vormaligen Maurer-Gütchens aus dem Jahr 1913. Nachdem 1902 ein Gewittersturm das Hausdach fortgerissen hatte, wurde das Wohnhaus um ein Stockwerk erhöht.

Vaterstetten, Haus Nr. 19, Carl-Orff-Straße. Der Reitsberger-Hof um 1914. Im Garten vor dem Haus die Hofbäuerin Anna Reitsberger mit ihrem Sohn Balthasar.

Vaterstetten, Haus Nr. 19, Carl-Orff-Straße. Der Reitsberger-Hof mit Ententeich um 1943. Der sich aus Regenwasser speisende Weiher gedieh, weil oft verschlammt, zu einem idealen Biotop für Frösche und Enten.

Vaterstetten, Luft-Hof mit der Hausnummer 6, Fasanenstraße. Ansicht aus dem Jahr 1912. Die Stelle des 1983 abgerissenen Hofes nehmen heute Hotel und Gasthof „Alter Hof" und ein Getränkemarkt ein.

Vaterstetten, Haus Nr. 6, Fasanenstraße. Der Luft-Hof im Jahre 1930.

Vaterstetten, Haus Nr. 6, Fasanenstraße. Der Luft-Hof in der Zeit vor 1949.

Eine Besucherin erlebt auf dem Luft-Hof in den 1930er-Jahren die Winterarbeit auf dem Land: „Daxenhack'n" (Kleinhacken von Fichtenzweigen) für Brennmaterial und Einstreu im Stall.

Vaterstetten, Haus Nr. 7, Dorfstraße. Blick auf den Böhm-Hof „Beim Weber", um 1927. Bis in die jüngste Zeit stand noch ein Webstuhl in der Stube des Hofes. Sein Inhaber, der Jäger, Mesner und spätere Gemeinderat Alois Böhm, war als gesuchter Anekdoten- und Geschichtenerzähler ortsbekannt.

Vaterstetten, Haus Nr. 3, Mesmer-Hof, Dorfstraße. Der alte Hof wurde 1912 abgebrochen. Der an seiner Stelle errichtete, nach seinem Inhaber Anton Brandhofer benannte Hof ist heute ein repräsentatives, stattliches Bauwerk.

Die schwere körperliche Arbeit u.a. mit der Heugabel gehörte einst zur täglichen Placke-rei auf einem Bauernhof.

Mühsames Kartoffelklauben auf dem Hobmeier-Hof in Parsdorf.

Baldham-Dorf, Haus Nr. 6 Vaterstettener Straße. Stockmayr-Hof um 1951. Der bereits 1055 urkundlich genannte Hof überlebte in seiner Geschichte zwei Großbrände. Nach der Schließung der dort bestehenden Gastwirtschaft Herz übernahm ihn 1968 das Ehepaar Stockmayr. 1880 war auf dem Gelände auch eine Kartoffelbrennerei errichtet worden.

Frauen bei der Arbeit mit einem Pferdegespann auf Parsdorfer Feldern.

Neufarn, Kirmair-Hof. Der seit 1443 nachweisbare Hof wurde 1803 an die aus der Rheinpfalz eingewanderten Melchior und Barbara Renk, sogenannte Überrheiner, für 2.573 Gulden verkauft. Im Preis eingeschlossen waren „Vieh und Fahrnis", also alle beweglichen Haushalts- und bäuerlichen Arbeitsutensilien.

Neufarn. Das Bild der Hochzeitsgesellschaft entstand anlässlich der Vermählung Franz Renks vom Kirmair-Hof mit Barbara Stadler am 20. November 1920.

Purfing, Haus Nr. 21, Neufarner Straße, Guggenberger-Hof. Das unmittelbar am Fuß des Kirch-
berges stehende alte Bauernhaus des vormaligen Fröhlich-Hofes wurde 1952 abgerissen. An
seiner Stelle errichtete die Familie Guggenberger ein größeres Haus mit Stallungen.

Purfing, Haus Nr. 13, Neufarner Straße, Langhuber-Hof vor 1931. In dem 1791 erbauten Hof
wurden 1896 Getreide- und Viehstall neu errichtet. 1920 gelangte das Anwesen in den Besitz von
Max und Kreszentia Huber. Seit dem Jahr 2005 ersetzt ein größeres Wohnhaus das inzwischen
abgerissene alte Bauernhaus.

Purfing, Haus Nr. 6, Stürzerweg, Ansicht des Stürzer-Hofes um 1925. Bereits 1443 ist dort ein „Stuirtzer" als Besitzer eines Lehens nachgewiesen, dessen Name in gerader Erbfolge bis zum Jahr 1830 erscheint. Nach dem 1918 erfolgten Verkauf an Fidelius Fäßler befand sich das Anwesen, das 1923 nur knapp einem Brand entging, im Besitz der Familie Peter Hilger.

Purfing, Stürzerweg, Redl-Hof. Nach dem Tod des Besitzers Johann Redl im Jahr 1955 wurde der Hof 1963 abgerissen. Heute steht an seiner Stelle ein neues Wohnhaus.

Parsdorf, Haus Nr. 6, Feldkirchener Straße, Mesner-, später Erb-Hof. Sein Inhaber Jakob Erb war Mitbegründer der 1902 ins Leben gerufenen Genossenschaftsbrennerei Parsdorf. Der Hof wurde im Frühjahr 2011 abgerissen. Nach neuer Planung sollen an dieser Stelle Mietshäuser gebaut werden.

Parsdorf, Haus Nr. 2, Buchenweg, Kiening-Hof. In den 1920er-Jahren erhielt der vormalige Heimerer-Hof nach der Übernahme durch die inzwischen verwitwete Maria Kiening auch deren Namen.

Parsdorf, Haus Nr. 7, Weißenfelder Straße, Hobmeier-Hof. 1857 erwarb Anton Hobmair das sogenannte Schuhmachergütchen für 1.900 Gulden. 1939 und 1975 ließ die Familie Hobmeier den Johannesaltar der Nikolauskirche in Parsdorf renovieren. Der stattliche, neben der Kirche stehende Hof befindet sich noch heute in Familienbesitz.

Parsdorf, Haus Nr. 23, Heimstettener Straße, Möstl-Hof. Der von Georg Möstl und seiner Frau Katharina 1881 gekaufte Hof befand sich 1988 noch in Familienbesitz. Danach musste er der Autobahn München–Passau weichen.

Parsdorf, Haus Nr. 8 am Dorfplatz. Der vormals dem Benediktinerkloster Rott grundbare Bene-dicten-Hof im Jahr 1896. Nach dem Parsdorfer Dorfbrand von 1783 kam der wiedererrichtete Hof 1790 als Erbteil an Melchior Straßer. 1904 übernahm ihn Franz Xaver Rauch, in dessen Familie er sich noch heute befindet.

Getreideernte mit damals moderner Maschine in den 1950er-Jahren wohl auf Purfinger Äckern. Der Fahrer trägt eine alte Soldatenmütze.

Weißenfeld, Parsdorfer Straße. Das heute nicht mehr existierende Naderer-Anwesen gehörte einst zum Besitz des Kroiß-Bauern.

Weißenfeld, Feldkirchner Straße, Ansicht des Kroiß-Hofes. Der von Michael Berger 1859 geerbte Mesner-Hof führte seit der Vermählung der Hoferbin Maria Berger den Namen ihres aus Zwiesel stammenden Mannes Johann Kroiß. Früher übte der Hofbauer in der gegenüberliegenden St.-Bartholomäus-Kirche das Mesneramt aus.

Weißenfeld, Haus Nr. 6, Feldkirchener Straße. Im Jahr 1870 übernahm die Familie Zehetmayr den vormaligen Huber-Hof von der Familie Brandhofer. Die Aufnahme entstand in der Zeit der Hofübernahme.

Weißenfeld, Parsdorferstraße. Der vormalige Weiler-Hof verbrannte in den 1960er-Jahren. Im zugehörigen Mitterfeld stehen heute die Häuser einer Neubausiedlung.

Hergolding, Parsdorferstraße. Wohnhaus des 1948 zum Parsdorfer Bürgermeister gewählten Franz Hollweck (1898–1990). Die auf dem Gelände des vormaligen Schwaiger-Hofes errichtete Brennerei stellte Branntwein aus Kartoffeln her, deren Anbau Kurfürst Max III. (1745–1777) in Bayern eingeführt hatte.

Kartoffelernte mit Pferden und Maulesel auf den Feldern um Hergolding.

Landwirtschaftliche Feldarbeit mit Traktor und Zugochsen.

Der Dreschflegel hatte ausgedient. Die kräfteraubende Arbeit übernahm seit der Mitte des 19. Jahrhunderts eine mobile, dampfgetriebene Dreschmaschine.

3

Häuser

Unter den alten Häusern gibt es ein paar wenige alte Bauernhäuser mit kleinen Fenstern. Ähnlich schmucklos sind die Siedlerhäuser der 1950er-Jahre. In der Barockzeit gliederte man die Langseiten der Paläste durch einen Quergiebel in der Mitte der Gebäude und mit einem von unten bis oben durchgehenden Wandvorsprung (Risalit). Im 19. Jahrhundert wurde dieses Bauelement bei Villen und städtischen Häusern angewandt und um 1900 bei Villen und Häusern städtischen Charakters an den Straßen sowie vereinzelt in den großen Waldgrundstücken Baldhams. In diesen gemäß Gemeindeverordnung jeweils mindestens vier Tagwerk großen Grundstücken Baldhams wurden sowohl große repräsentative Holzhäuser im Jagdhausstil errichtet, wie auch kleine Holzhütten oder größere barackenartige Holzbauten, die in späteren Jahren ständig umgebaut wurden.

(HPV)

Vaterstetten. Die 1951/52 in der unbebauten Fläche errichtete Kirche „Zum kostbaren Blut Christi" – auf halber Strecke zwischen dem Dorf Vaterstetten und der Bahnlinie – leitet die großflächige Bebauung in den 1960er-Jahren ein.

Neufarn. Das sogenannte Lukas-Häusl mit hohem Satteldach, um 1840 erbaut, gehörte einst einem Kleinbauern. Im Gemeindegebiet zählt es zu den wenigen erhaltenen alten kleinen Bauernhäusern. Kennzeichnend für die Zeit vor 1900 sind die kleinen Fenster. Das ungewöhnlich hohe steile Dach zeigt, dass hier Speicherraum benötigt wurde.

Vaterstetten. Das ehemalige alte „Metzger-Haus" (Haus des aus dem Nachbarort Salmdorf zuge-zogenen Landwirts Metzger) wurde um 1980 abgerissen. Heute befindet sich dort das Gasthaus „Alter Hof". Das Wohn- und Stallhaus zeigt das charakteristische flache Satteldach unserer alten Bauernhäuser.

Parsdorf. Ehemaliges „Huber-Häuschen". Haus und zugehöriger 1/8-Hof wurden 1772 von Franz Schmid, Zimmerer zu Parsdorf, für 220 Gulden erworben. Sein Erbe Melchior Rohrmoser galt 1898 mit seiner Werkstatt, in der zwölf Gesellen arbeiteten, als „alleiniger Zimmermeister" in der Gegend. 1936 wurde das Haus abgebrochen.

Baldham-Dorf, ehemaliges Hirtenhaus („Hütergütl"). Der erste Stock wurde um 1920 aufgesetzt, sodass das Haus heute weitaus stattlicher aussieht als ursprünglich.

Baldham, Frühlingstraße. Ganz zu Beginn der ersten Siedlungswelle erbaute 1902 die Familie Hauser (später Ortner) ca. einen Kilometer östlich der Bahnhaltestelle Baldham ein Wohnhaus mit Stall und Remise; es ist das älteste noch bestehende Wohngebäude der Siedlung Baldham. Der Weg dorthin führte ursprünglich an der Bahnlinie entlang. Foto von 1919.

Baldham, Alte Poststraße. In den 1920er- und 1930er-Jahren entstanden nahe des Bahnhaltepunktes Baldham auf meist großen Waldgrundstücken neben Wochenendhäusern auch einzelne Wohnhäuser, wie hier dasjenige der Familie Bürger.

Vaterstetten, Ecke Veilchenweg/Luitpoldring. Ehemalige Villa von „Dentist" Franz Stolz, des ersten Zahnarztes in Vaterstetten; vom Veilchenweg (früher Bahnhofstraße) aus gesehen. Erbaut 1921/23 und abgerissen um 1985. Früher stand auf dem Grundstück die „Wald-Schänke Vaterstetten". Foto um 1980.

Vaterstetten, Ecke Veilchenweg/Luitpoldring. Ehemalige Villa Stolz, vom Luitpoldring aus gesehen. Der Erker in der Mitte der Hauswand darf als sehr ungewöhnlich gelten.

Baldham, Frühlingstraße. An das im Jahr 1902 gebaute Haus vom Stadthaustyp mit Quergiebel über dem Eingang, das nur die üblichen kleinen Fenster aufwies, wurde um 1937 eine Veranda angebaut, die dem Haus einen ganz anderen Charakter verleiht. Foto von 1940.

Baldham, Frühlingstraße. Die Veranda des vorstehenden Hauses von innen, die mit ihrem intensiven Lichteinfall das Wohngefühl der Bewohner völlig veränderte. Foto um 1939.

Vaterstetten, Dorfstraße. „Haus Scheckenhofer", erbaut 1906 von einem Münchner Metzger, zeigt den Stadthaustyp noch in seinem ursprünglichen Zustand. Das Haus wurde deshalb im Jahr 2011 unter Denkmalschutz gestellt.

Baldham, am ehemaligen Loidlweg zwischen Bahnlinie und Poststraße. In den 1920er-Jahren neben der zur Bahnhofgaststätte Baldham gehörigen „Baldhamer Einkehr" erbautes Wohnhaus auf einem – wie damals üblich – großen Grundstück des Gastwirts Loidl.

Vaterstetten, Ecke Schwalbenstraße/Zaunkönigweg. Villa Maria („Villa Bayerlein"), 1904 vom Bruder des damaligen bayerischen Kriegsministers erbaut, und zwar feuer- und artilleriebeschuss-fest (Betondecken) im Stil einer italienischen Jugendstilvilla (mit Loggia). Die Schauseite des Hauses zeigt ungewöhnlicherweise zum Garten.

Vaterstetten, Luitpoldring. Villa Berger. 1903 bis 1905 von einem Münchner „Kaffeesieder"
(Kaffeeröster) erbaut, zunächst als Sommer- und Wochenendhaus genutzt, ab 1926 dann als
Hauptwohnung. Abgeschirmt hinter heute noch existierendem alten Baumbestand zeigt sich die
Villa im Stil eines Forsthauses mit Holzvertäfelung und Geweih im Giebel.

Baldham, Fichtenstraße. Das nach 1978 abgerissene, ursprünglich von einem musikliebenden Baldhamer Kaufmann errichtete große Wohngebäude mit angebauter Musikhalle nebst Orgel wurde ab 1938 von dem Bildhauer Josef Thorak bewohnt, für den Hitler unweit davon im selben Jahr eine riesige Atelierhalle errichten ließ, die heute als Depot der Archäologischen Staatssammlung genutzt wird.

Baldham, Buchenstraße. Die Villa des Inhabers einer Geschäftskette wurde während der 1930er-Jahre in mehreren Schritten errichtet, wodurch sich die beiden Dachgeschosse erklären. Ganz ungewöhnlich für Vaterstetten ist es, dass die Villa keinen Vorgarten besitzt, sondern direkt an der Straße errichtet wurde. Foto von 1940.

Baldham, Waldstraße. Villa Weidenhöfer.
Erbaut 1920 für einen Münchner Lebensmit-
telgroßhändler. Die Sachlichkeit der Archi-
tektur ist kennzeichnend für die Zeit nach
dem Ersten Weltkrieg. Foto um 1925/30.

Baldham, Waldstraße. Villa Weidenhöfer (vgl. Bild oben). Die Winteransicht des Hauses, gesehen von Norden, von der Waldstraße aus, zeigt einerseits die Gesamtanlage des Hauses mit
seinem ebenerdigen Anbau und vor allem seine Lage inmitten eines großen Grundstückes mit
Waldbestand. Foto um 1930/40.

Baldham, Waldstraße. Ehemaliges Haus Danner. Das repräsentative in den 1920er-Jahren errichtete Holzhaus im Landhausstil mit großer Terrasse wurde 2011 abgerissen.

Baldham, Waldstraße. Das 1923 errichtete Wochenend- und Ferienhäuschen wurde nach dem Zweiten Weltkrieg mit einem Erker ergänzt und diente zunächst als Notunterkunft, bis auf demselben Grundstück ein neues Haus entstand. Das Häuschen existiert noch heute.

Baldham, Brunnenstraße. 1937 errichtetes, einfaches, kleines Wohnhaus auf einem weitläufigen Grundstück, auf dem zeitweise eine Hühnerzucht betrieben wurde und das bis heute als Teil eines ehemaligen Wasserschutzgebiets als innerörtliche Grünzone erhalten geblieben ist.

Baldham, Frühlingstraße. Wochenendhaus im Jagdhausstil („Landhaus Helene") der Familie Landolt, zunächst mit einer Laube an der Stirnseite des Hauses, die später mit einer Fensterwand geschlossen wurde. Das Gebäude wurde 2009/10 abgerissen. Hier eine Aufnahme von 1931.

Baldham, Frühlingstraße. Rehfütterung in dem zum obigen Haus gehörenden großen Wald-grundstück. Foto um 1931/35.

Baldham, Frühlingstraße. Seitenansicht des nebenstehenden Hauses. Die Laube an der Stirnseite des Hauses ist bereits verglast. Der Keller erleichterte die spätere Nutzung des Hauses als Dauerwohnsitz erheblich. Foto um 1935/38.

Baldham, Frühlingstraße. Winteransicht des vorstehenden Hauses und Waldgrundstückes, in dem der Hausherr, einst Hitlers Maßschneider, mit einem Gewehr posiert. Foto um 1935/38.

Baldham, Fuchsweg. Barackenartiges einfaches Holzhaus mit Türe an der Langseite. Das Wochenend- und Ferienhaus Münchner Bürger befand sich in einem großen Waldgrundstück. Am Ende des Zweiten Weltkriegs diente es der in München ausgebombten Familie als Ausweichquartier und wurde dann zum eigentlichen Wohnhaus umgebaut. Foto Anfang der 1940er-Jahre.

Baldham, Fuchsweg. Die obige Wochenend- bzw. Behelfsunterkunft nach dem Ausbau am Anfang der Wirtschaftswunderzeit in den 1950er-Jahren: Holzwände wurden zu Steinmauern, schräge Wandstützen lassen den Landhausstil anklingen, der in den parkartigen Grundstücken der Siedlungen Baldhams und Vaterstettens gepflegt wurde.

Baldham, Gartenstraße. Kleiner Holzbau als einfaches Wochenend- und Ferienhaus Münchner Bürger (Typ „Datscha") auf einem großen, teilweise bewaldeten Waldgrundstück errichtet. Wie eine Reihe anderer Gebäude ähnlichen Typs wurde auch dieses sukzessive zu einem regulären Wohnhaus umgebaut. Foto von 1943.

Baldham, Ingelsberger Weg. Bald nach dem Ende des Zweiten Weltkriegs am Waldrand errichtetes kleines Wohnhaus, das stückweise um- und angebaut wurde, auch zur Haltung von Kleinvieh. Nach späterer Aufstockung schließlich 2009 abgerissen.

Baldham, Iltisweg. Siedlungshaus in der Kessler-Siedlung, erbaut um 1952. Die Siedlung von Heimatvertriebenen des Zweiten Weltkrieges entstand 1949 bis 1953 auf ehemaligem Ackerland Lud-
wig Kesslers. Die Häuser wurden überwiegend mit gegenseitiger Hilfe der Heimatvertriebenen in
der Freizeit erbaut. Foto um 1955.

Baldham, Iltisweg. Blick auf ein weiteres dieser Siedlerhäuser der Kessler-Siedlung. In der Schräg-
ansicht wird die geringe Größe der Siedlerhäuser deutlich, zugleich lässt sich für die Zimmer der
geringe Lichteinfall durch die kleinen Fenster erahnen. Foto um 1970.

Vaterstetten, Tulpenstraße. Einzelhaus mit angebauter Garage und zahlreichen vergitterten kleinen Fenstern. Erbaut in den 1950er-Jahren. Das Haus weist ungewöhnlicherweise zwei Eingänge auf und diente in den 1950er-Jahren als Polizeistation.

Baldham, Fuchsweg. Einfaches Einfamilienhaus mit Satteldach und Dachgaube. Erbaut in den 1950er-Jahren. Wohnhaus des im Jahre 2001 verstorbenen, zu den Expressionisten zählenden Malers Martin Ritter.

Baldham, Gartenstraße. Haus im alpenländischen Stil mit Erker und ausgebautem Dachgeschoss unter hohem Satteldach. Erbaut ca. 1933 auf einem großen Waldgrundstück.

Baldham, Gartenstraße. Haus im alpenländischen Stil mit dem charakteristischen flachen Satteldach. Erbaut ca. 1936 auf großzügigem Waldgrundstück.

4

Wirtschaften

In den aufgrund ihres kargen Ackerbodens einst eher bescheidenen Dörfern des Vaterstettener Gemeindegebietes fanden sich einige wenige Wirtschaften für den lokalen Bedarf. Daneben entstanden an den Verkehrswegen mit überregionaler Bedeutung gut besuchte Gasthöfe. Mit langer Tradition waren dies in den Orten Parsdorf und Neufarn die größeren Gasthöfe an der „Oberen Wiener Route" des Postverkehrs München–Wels (der heutigen B 12). Mit der Eröffnung der Bahnhaltestellen Vaterstetten und Baldham an der Eisenbahnlinie München–Salzburg am Ende des 19. Jahrhunderts, einer Zeit großer gesellschaftlicher Umbrüche mit neugewonnener Mobilität und finanziellen Möglichkeiten breiterer Bevölkerungsschichten, konnten geschäftstüchtige Wirtsleute an den neuen Haltestellen nun Ausflugslokale eröffnen: lockte doch die Gegend östlich Münchens mit pilz- und wildreichen Wäldern sowie der Wallfahrtskirche Möschenfeld in Wanderweite. Ähnlich verhielt es sich mit den Betrieben, die vornehmlich für den lokalen Bedarf produzierten, später Überschüsse für Abnehmer in der Region erwirtschafteten.

(KL)

Vaterstetten, Wally Müllers Geschäft um 1920. Heute befindet sich dort die Apotheke am Bahnhof.

Vaterstetten. Der Ausschnitt aus einer Postkarte zeigt die Bahnhofswirtschaft Hans Kirchlechner um 1935, die bald nach Errichtung der Haltestelle Vaterstetten an der frequentierten Bahnlinie eröffnet worden war. Heute befindet sich dort ein Supermarkt.

Vaterstetten, die Gärtnerei Blank zwischen Dorfstraße und Birkenweg, um 1920. An der Bahnlinie München–Rosenheim entstanden Betriebe, die zur Versorgung Münchens mit Frischgemüse beitrugen. Schon damals erreichte man München von der hiesigen Haltestelle in einer halben Stunde.

Vaterstetten, Gärtnerei Gläser an der Ecke Schwalbenstraße und Bahnhofstraße. Später zog der Betrieb nach Baldham-Dorf um. Im Luftbild von 1956 ist links unten die Apotheke Wally Müller zu erkennen.

Gasthaus von Georg Zehetmair

Vaterstetten, Dorfstraße (nördlicher Ortseingang gegenüber Dorfkirche St. Pankratius) mit Gasthof, um 1916. Lokal und Fremdenzimmer wurden hier 1905/06 als Übergangsschule genutzt, bis der neue Schulbau am Parsdorfer Weg vollendet war. Nach 1945 kamen hier vorübergehend Flüchtlinge unter.

Stiller Waldesfrieden, lieber Vogelsang,
Da bleib ich zufrieden, wird mir die Zeit nicht lang.
Und jeden Sonntag - welche Lust,
Kann tanzen ich nach Herzenslust!
Waldschlößchen du - du hast's in dir,
Wie herrlich schmeckt Essen und gräflich Bier,
Ja deine Küche ist wohlbekannt
Für feine Schmankerl allerhand -
In Harmonie mischt sich dein Klang
In Waldesrauschen und Vogelsang!

Vaterstetten. Das Restaurant „Waldschlößl" südlich der Bahnhaltestelle Vaterstetten gelegen, zog Ausflügler aus München an, die Erholung im Waldgebiet oder bei Tanz und Vergnügen suchten. Bild und Gedicht stellen die örtlichen Vorzüge heraus.

Vaterstetten, Bierstube des „Waldschlößls". Später befand sich in einem Anbau das Kino, durch dessen Saal die Landkreisgrenze lief. Um der Vergnügungssteuer Ebersbergs zu entgehen, drohte der Besitzer, die Kasse in den Münchener Raumteil zu verlegen. Mit Zunahme des Fernsehkonsums endete die Kinoära in Vaterstetten 1976.

Vaterstetten, Möschenfelder Straße/Luitpoldring. In den 1950er-Jahren versorgte die Bäckerei Wittmann die Umgebung mit Brot, Semmeln und Kuchen. Ihren Platz nehmen heute eine Metzgerei und eine italienische Gastwirtschaft ein.

Baldham-Dorf, Gast- und Tafernwirtschaft Herz im Jahre 1907, im heute „Stockmayr-Hof" genannten Gebäude. Sie wurde von 1864 bis 1968 als Familienbetrieb geführt. Dass sie neben dem Schank-
recht auch die Erlaubnis hatte, warme Speisen aufzutragen, weist der Name „Tafernwirtschaft" aus.

Baldham-Dorf, Gruppenbild von 1899 des Gasthauspersonals der Wirtschaft Herz. Wie umfang-
reich und breitgefächert die für einen Gastbetrieb notwendigen Tätigkeiten waren, zeigen die
Gerätschaften, die die Bediensteten für das Foto in die Hand genommen haben.

Baldham-Dorf, Aufnahme von 1936 von der Schmiede und Kramerei Am Anger 2. Als Treffpunkt für das Ortsgespräch und Versorgung der Bevölkerung wurde die Kramerei von 1914 bis 1971 betrieben, danach folgte ein Getränkemarkt.

Baldham. Die Moderne zieht ein: Automobil der Gärtnerei Scheidacher in der Gartenstraße.

Baldham, Bahnhofsrestauration Herz. Das Gemälde gibt die örtlichen Gegebenheiten wieder, die diesen Ableger der Wirtschaft Herz in Baldham-Dorf ebenso wie das Vaterstettener „Waldschlößl" zum beliebten Münchener Ausflugslokal werden ließ.

Baldham-Dorf. Die abgebildeten „Lustigen Buam" von 1907 waren schon gut herangewachsene „Buben".

Neufarn. Die Zeichnung von 1860 des dem Münchener Leibl-Kreis zuzurechnenden Künstlers Karl Haider (1846–1912) zeigt den Ort dominiert von dem am östlichen Ortsausgang gelegenen Gasthof Stangl, wo Zusatzpferde für den Lastentransport über den Neufarner Berg bereitgehalten wurden.

Neufarn, Gasthof Stangl ist seit 1827 in Familienbesitz. Bereits 1443 wird im Herdstättenverzeichnis eine Wirtschaft bezeugt: „(ain)wirt pawt die Tafern und dient auf den Kasten [Fronhof] gen [später Markt] Schwaben." (München, Stadtarchiv, Fremdbestand 21).

Parsdorf, Tafernwirtschaft des Schmieds Schmidlechner mit dem Trauerzug für Karolina Schmidlechner im Februar 1918 auf dem Weg zur Friedhofskapelle.

Parsdorf, „Tafernwirtschaft Valentin Streibl". Schon 1443 ist im Herdstättenverzeichnis eine Tafernwirtschaft bezeugt. In der 1771 gegründeten Kaiserlichen Reichsposthalterei wurde am 15. Juli 1800 zwischen Österreich und Frankreich ein Waffenstillstand geschlossen. Nach Aufhebung der Poststation (vor 1870) führte der Betreiber nur noch den Gastwirtschaftsbetrieb „Alte Post" weiter.

Parsdorf, Kolonialwarenhandlung Babette Hobmeier in der Gruberstraße 1. Foto um 1914.

Parsdorf, Arbeit in der Schmiede von Georg Doll, früher Georg Schmidlechner, am Hartholzweg. Der Nachfolger Josef Doll (kniend) ist hier mit einem französischen Kriegsgefangenen (weiße Schürze) um 1916 abgebildet.

Parsdorf, Votivbild des Posthalters Valentin Königer, 1776, mit den Pferden der fünf Jahre zuvor gegründeten Kaiserlichen Reichsposthalterei an der Straße München–Wels (Parsdorfer Kirche St. Nikolaus).

Weißenfeld, „Spezereihandlung Joseph Hartl".

Weißenfeld, Ortsansicht mit der 1907 errichteten Gesellschaftsbrennerei Weissenfeld und dem seit 1903 von Jakob Fauth betriebenen Gasthof (abgerissen 1965).

Weißenfeld. Das Foto zeigt das Kriegerdenkmal vor der „Gast- und Tafernwirtschaft Jakob Fauth", bevor es an die Friedhofsmauer versetzt wurde.

Purfing, Wirtschaft Huber, 1939. Der Gasthof war im 19. Jahrhundert u.a. Stützpunkt des erstmals 1675 erwähnten Geheimbundes der Haberer, die mit ihrem düsteren Auftritt beim Haberfeldtreiben sittliche oder moralische Verfehlungen der Dorfbewohner anprangerten.

Baldham. Heumachen in der Hitze des Sommers.

5

Landleben

In den nachfolgenden Bildern spiegelt sich auch die Entwicklung der Fotografie. Am Beginn standen die großen Plattenkameras mit Stativen, wie sie jeder Fotograf in seinem Atelier verwendete. Hochzeitspaare ließen sich grundsätzlich in einem Fotostudio der Stadt fotografieren. Die Hochzeitsgesellschaften dagegen wurden wie andere Gruppen jedweder Art – Schulklassen, Mitglieder der Feuerwehr, aber auch größere Gruppen von landwirtschaftlichen Helfern bei der Ernte usw. – vor Ort von einem reisenden Fotografen aufgenommen.

Erst mit der Einführung des Rollfilms (Format 9x6 bzw. 6x6 cm) und des Kleinbildfilms (Format 24x26 mm) in den 1930er-Jahren gab es nun kleinere, leicht zu transportierende Kameras. Mit ihnen war es dann möglich, überall Aufnahmen zu machen und mit „Schnappschüssen" das Landleben zu dokumentieren.

(CO/HPV)

Die Freiwillige Feuerwehr Baldham-Dorf im Jahr 1900 mit der 1875 angeschafften „Löschmaschine", einer handbetriebenen Spritze.

Trotz aller Warnungen vor der „Hungerleidergegend" kaufte die Strellbauernwitwe Maria Betzl aus Ilching 1910 das „Maurer-Gütchen" in Vaterstetten, den späteren Reitsberger-Hof. Im gleichen Jahr verstorben, hinterließ sie fünf minderjährige Kinder, die nur durch die Hofübernahme der verheirateten Tochter Anna Reitsberger die neue Heimat behalten konnten.

Fünf Kinder in Vaterstetten, um 1900. Die Aufnahme stammt von einem der reisenden Fotografen, wie sie bis in die Mitte des 20. Jahrhunderts hierzulande tätig waren.

Vaterstettener Schulkinder bezogen als Erste das 1906 eingeweihte Schulhaus. Bis dahin muss-
ten die Vaterstettener Kinder bei Wind und Wetter in die drei Kilometer entfernte Schule nach
Ottendichl gehen. Bis zur Einweihung unterrichtete der Aushilfslehrer Friedrich Schramm (im
Bild) provisorisch im Tanzsaal von Anton Wirth.

Dorfschullehrer Otto Marxer (1874–1936) mit Schülern vor der einteiligen Vaterstettener Schule,
in der er von der ersten bis zur siebten Klasse in einem Klassenraum unterrichtete.

Anonymes Ehepaar im Festtagsgewand, vor 1900.

Hochzeitsbild Franz Renk und Barbara
Stadler (Neufarn) um 1900.

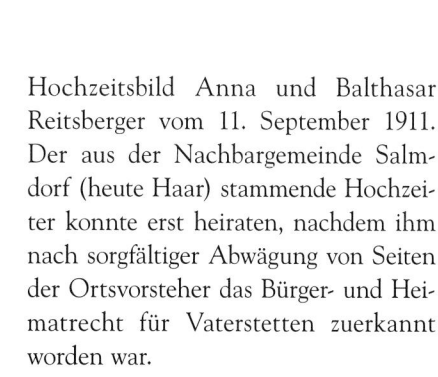

Hochzeitsbild Anna und Balthasar
Reitsberger vom 11. September 1911.
Der aus der Nachbargemeinde Salmdorf (heute Haar) stammende Hochzei-
ter konnte erst heiraten, nachdem ihm
nach sorgfältiger Abwägung von Seiten
der Ortsvorsteher das Bürger- und Hei-
matrecht für Vaterstetten zuerkannt
worden war.

Der Militärdienst war zu Kaiser Wilhelms Zeiten, als diese Bilder in Parsdorf entstanden, patriotische Pflicht. Die in der Militärzeit erlernten Kommandostrukturen wurden von vielen Vereinen übernommen, bei den Feuerwehren aber besonders gepflegt.

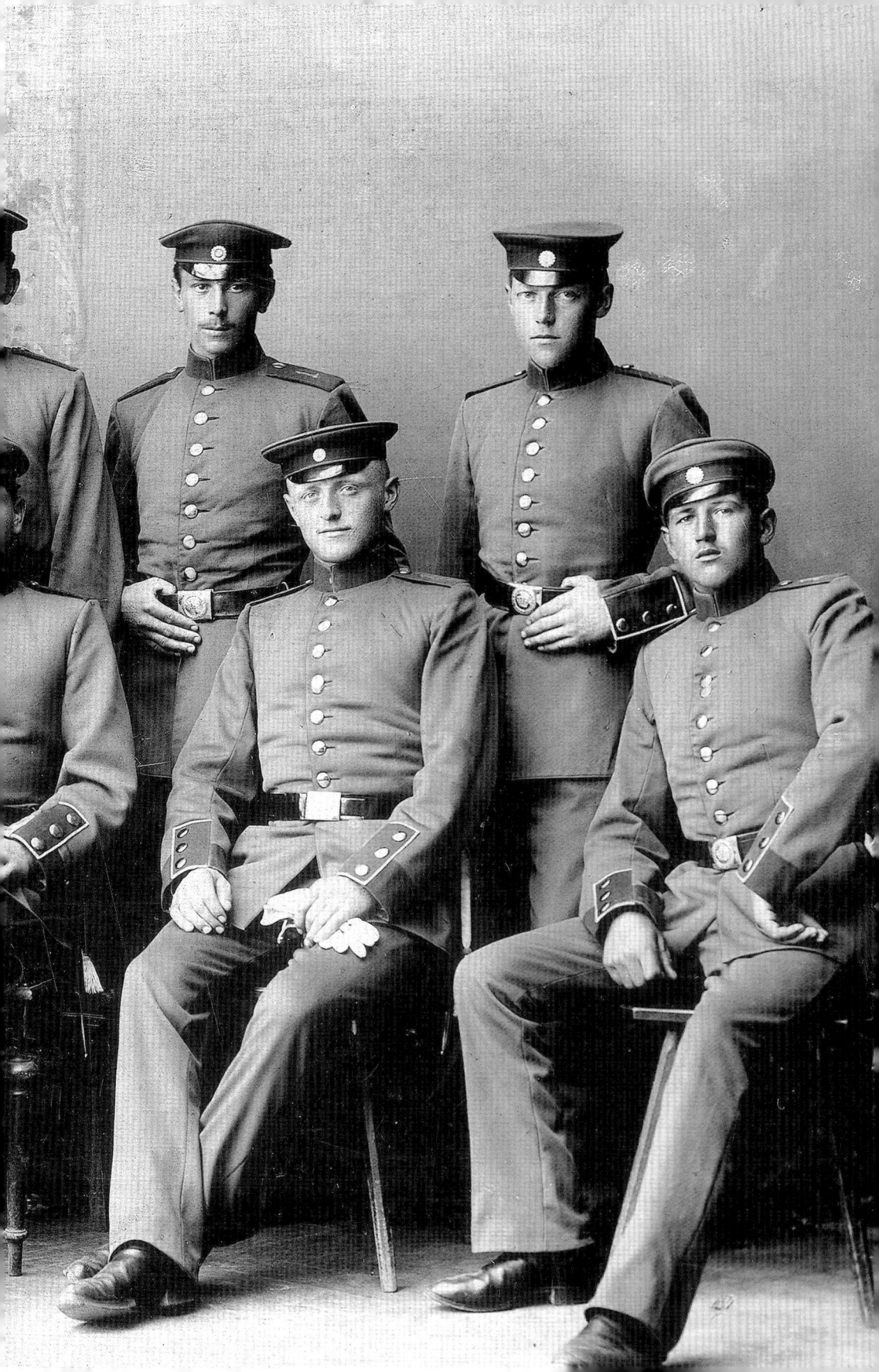

„Gruß aus Parsdorf bei München" mit einer Feldküche („Gulaschkanone"), Foto um 1910.

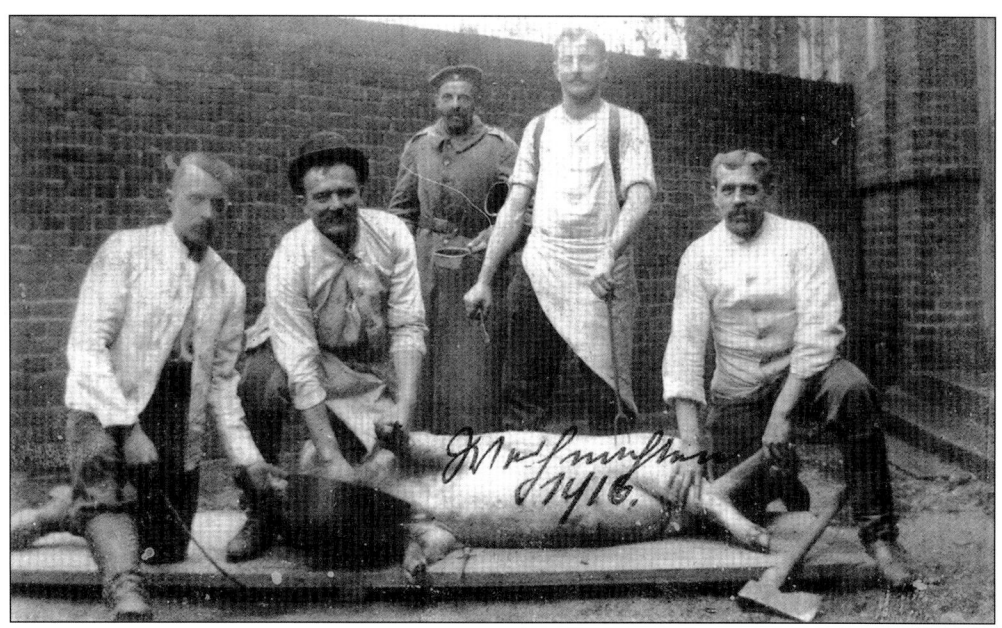

Die zufrieden-vergnügten Gesichter der Männer bei der Schlachtung zu „Weihnachten 1916" lassen noch nichts davon erahnen, dass in den Jahren 1917 und 1918 die Bevölkerung unter schwersten Ernährungsengpässen leiden würde.

Der Münchner Jesuitenpater Rupert Mayer (1876–1945) war im Münchner Raum für sein Engagement in der Familien-, Frauen- und Kinderfürsorge bekannt. Er war ein wortgewaltiger Gegner der Nationalsozialisten. Der seliggesprochene Pater weihte am 31. Juli 1927 das Kriegerdenkmal in Vaterstetten.

Pfarrer Kastner aus Ottendichl geleitete 1935 eine feierliche Prozession zur Dorfkirche Vaterstetten. Das dörfliche Leben wurde durch das Kirchenjahr geprägt. Gemeinsam feierte man die kirchlichen Festtage, wobei auch das leibliche Wohl nie zu kurz kam. Viele kirchliche Festtage waren eine willkommene Abwechslung vom entbehrungsreichen Alltag.

Vaterstetten um 1930/40. Die Hühnerhaltung war damals Sache der Bäuerin. Die Erträgnisse hieraus waren ihr Taschengeld („Schmugeld").

Rast im Schatten der Getreidegarben bei Vaterstetten, um 1930/40.

Szene aus dem Bauernleben um 1930. Wenn nicht genügend männliche Arbeitskräfte vorhanden waren, mussten auch Frauen mit der (hier im Bild leeren) Mistkarre fahren.

Die Milchviehhaltung war bedeutend für unsere Gegend. Im Gemeindegebiet gab es in den 1940er-Jahren 124 Milchbauern, heute sind es nur noch 11. Das Melken von Hand erledigten auf größeren Betrieben Männer (sogenannte Schweizer), auf kleinen Höfen war dies meist Frauensache.

Die weibliche Dorfjugend (oben) und die männliche Dorfjugend (unten), jeweils aus Vaterstetten, am 1. Mai 1934.

Aufstellen eines Hochzeitbaumes (unbearbeiteter Stamm) in Purfing (1930er-Jahre). Dieser Brauch wird auch heute noch gepflegt. Wurde innerhalb eines Jahres ein Stammhalter geboren, gehörte der Baum dem Hochzeitpaar. Ließ der Nachwuchs länger auf sich warten oder kam ein Mädchen zur Welt, so wurde der Baum bei Nacht und Nebel vom Grundstück gestohlen.

Die Vaterstettener Familie Luft im Jahr 1934.

Familie Ortner/Hauser mit Freunden im Garten vor ihrem Haus in Baldham, um 1925. Verwandte und Bekannte trafen sich oft an Wochenenden, Feiertagen oder zu Familienfesten, um abseits der städtischen Enge gemeinsam die Freizeit zu verbringen. Der heute weit ausgreifende Ausflugsverkehr endete damals in den Gemeinden rund um München.

In gelöster Atmosphäre ließ sich bei passendem Wetter auf den großen Grundstücken der Siedlungen Baldham und Vaterstetten das bürgerliche Leben in ländlicher Umgebung genießen, Foto 1938.

Das Bild von der Schlittenfahrt in den 1930er-Jahren zeigt ein Wintervergnügen, wie es für das 19. Jahrhundert charakteristisch war.

Das Auto der Baldhamer Familie Landolt, ein Horch, dürfte eines der ersten in der Gemeinde Vaterstetten gewesen sein. Damit kündigte sich schon früh die private, von der Eisenbahnverbindung unabhängige Mobilität an. Foto um 1940/41.

BÜCHER AUS
IHRER REGION

Mir ging eine neue Welt auf
Die Anfänge des Fremdenverkehrs in Oberbayern
Karl Stankiewitz
ISBN: 978-3-86680-916-1 | 22,95 € [D]

Miesbach in Oberbayern
German Hofäcker
ISBN: 978-3-86680-420-3 | 17,90 € [D]

100 berühmte Münchner
Ada und Peter Stützel
ISBN: 978-3-86680-549-1 | 19,90 € [D]

Die Münchner Feuerwehr im Einsatz
Von den Siebzigern bis heute
Thomas Gaulke
ISBN: 978-3-86680-789-1 | 22,95 € [D]

850 Jahre München
Eine kurze Stadtgeschichte
G. Reichlmayr und R. Ites
ISBN: 978-3-86680-289-6 | 14,90 € [D]

Unterföhring. Alte Bilder erzählen
Peter Zimmermann
ISBN: 978-3-86680-615-3 | 17,90 € [D]

Weitere Bücher aus Ihrer Region finden Sie unter:

www.suttonverlag.de

SUTTON
VERLAG Wir machen Geschichte